- Österreichischer Kinder- und Jugendbuchpreis | Kollektion 2020
- Katholischer Kinder- und Jugendbuchpreis | Empfehlungsliste 2020
- Beste 7 Bücher für junge Leser, Deutschlandfunk | 2019

Mit freundlicher Unterstützung der Abteilung Deutsche Kultur/Autonome Provinz Bozen, Südtirol

STERNENBOTE

Eine Weihnachtsgeschichte

Reinhard Ehgartner
Linda Wolfsgruber

Tyrolia-Verlag · Innsbruck–Wien

Die Venus findet jeder.
Bei anderen Sternen muss man länger suchen.
Wenn man nicht geübt ist.

Das Sternenbuch habe ich
zum Geburtstag bekommen.
Die Erde leuchtet blau hinter weißen Wolken,
der Jupiter ist in Geschenkpapier gewickelt
und der Saturn trägt einen Reifen.

Auf Sterne kann
man sich verlassen.
Immer pünktlich.

Acht Minuten braucht das Licht
von der Sonne zur Erde.

Acht Minuten brauche ich
morgens zum Bus.

Manchmal muss ich es in sieben schaffen.
Schneller als das Licht.

In zwölf Jahren
dreht sich der Jupiter
einmal um die Sonne.

So lange ist meine Schwester
auf dieser Erde.

Um sie dreht sich alles,
wenn sie morgens
ihre Sachen nicht findet.

„Astro-Genie" nennt mich Papa,
„Mondgucker" meine Schwester,
„Sternenbote" meine Oma.
Mama macht bei diesem Spiel nicht mit.

Ich zeige Oma den „Großen Bären"
und den „Kleinen Wagen"
und sie erzählt mir eine Geschichte
von Sterndeutern aus dem Orient.

Sie waren auf der Suche
nach einem kleinen Kind
und folgten seinem Stern.
Das war vor zweitausend Jahren.

Das Licht von weit entfernten Sternen
ist auch so lange unterwegs zu mir.

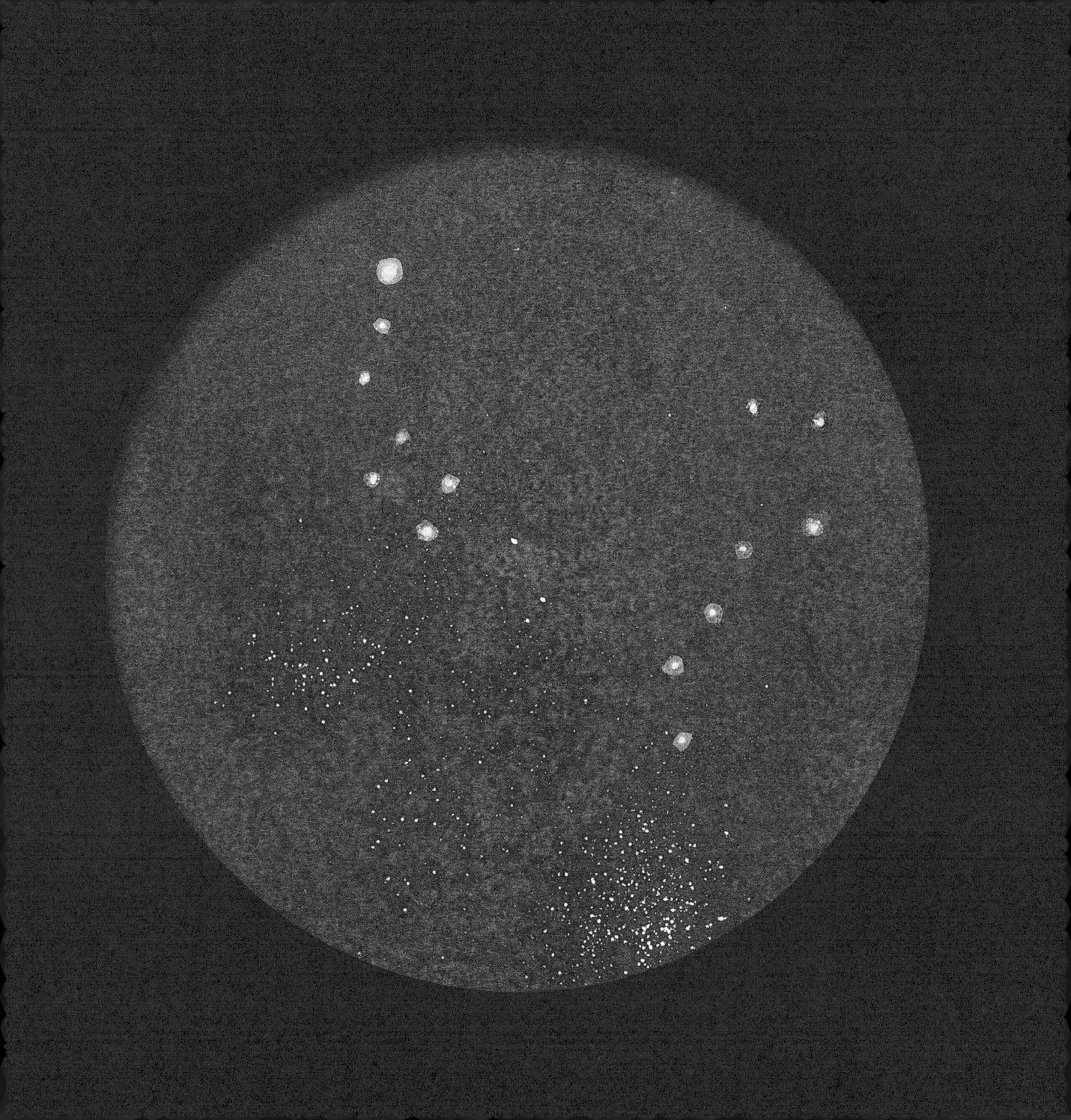

Der Winterhimmel leuchtet an kalten Tagen
besonders hell.

Das Firmament steht über uns
wie in meinem Buch,
man braucht kein Fernrohr.

Draußen kalt, drinnen gemütlich.
Papa macht Tee und Mama richtet den Teig
für die Weihnachtskekse.

Ich steche die Sterne.
Meine Schwester macht Monde
und zwinkert mir zu.

Ich frage Oma nach der Geschichte
von den Sterndeutern.
Wie lange sie unterwegs waren,
kann sie nicht sagen, das steht nicht in der Bibel.
Sie sind dem Stern gefolgt
und haben das Kind gefunden.
In einem Stall ist es gelegen.

Warum die Sterndeuter da so sicher waren?
Oma zuckt die Achseln.
Wenn einem ein Stern ganz besonders leuchtet,
soll man ihm folgen.

Sie wird mir das später
einmal erklären.
Braucht sie nicht.
Verstehe ich sofort.

70 Trilliarden Sterne gibt es im Universum.
Wie Sand in der Wüste.
Und jeder Stern ist anders.
Bei Sandkörnern bin ich mir da nicht so sicher.

Im Weltall ist es finster und leer.
Im Stall von Betlehem war es
vermutlich auch nicht hell.

Aber da war dieses Kind und schlief friedlich
in einem Bett aus Stroh.

„Kinder bringen das Licht in die Welt."
Ein typischer Oma-Satz.

Warten ist eine Erfindung der Menschen.
Im Weltall wartet nichts.

Eine Ewigkeit auf die Ferien warten.
Monate warten, bis ein Kind auf die Welt kommt.
Wochenlang auf Weihnachten warten,
wenn die Schaufenster schon geschmückt sind.

Mama erzählt, dass zur Zeit von
Jesus alle gewartet haben,
dass ein starker König kommt.
Er sollte das Volk befreien.

Es kam aber dieses Kind von armen Leuten.
Die Sterndeuter und die Hirten haben sich
vor diesem Kind verbeugt.

Ich zeige Papa in der Kirche das Bild mit einer Frau,
die auf einer Mondsichel steht.
Sie hat ein Kind im Arm und
eine Krone aus lauter Sternen.

Papa erzählt die Geschichte von der Mutter Gottes,
die am Himmel steht und von der Sonne gekleidet wird.
Dann erscheint ein gefährlicher Drache,
aber die Mutter und das Kind werden gerettet.

Gefährlich war es auch für das Kind in Betlehem.
König Herodes war eifersüchtig auf die Ankunft
eines neuen Königs.

Er wollte das Kind töten lassen,
aber ein Engel hat die Eltern gewarnt
und ihnen zur Flucht verholfen.

Die Sterne gibt es seit Milliarden von Jahren.
Aber was war davor, wie hat das alles angefangen?

Am Anfang war der Urknall, sagt Papa.
Am Anfang erschuf Gott Himmel und Erde, liest Oma.
Am Anfang war die Sehnsucht, meint Mama.

Das steht in den Sternen,
sagt meine Schwester und lacht.

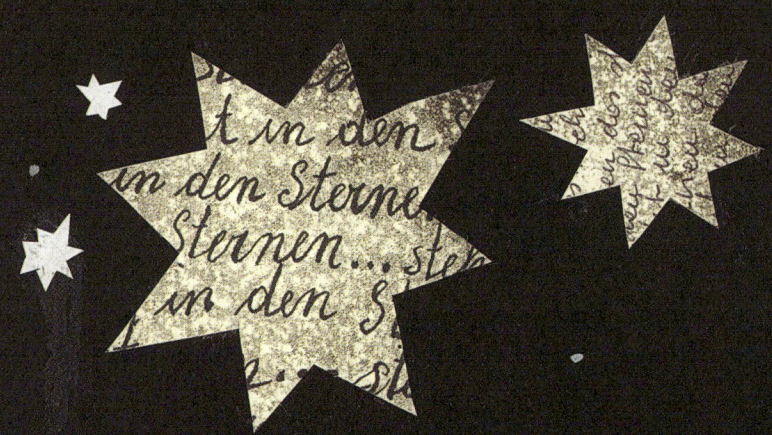

Papa hat den Weihnachtsbaum heimgebracht
und wir beginnen mit dem Schmücken.
Nach und nach wird daraus eine Galaxie mit Sternen,
Kugeln, Lichtern, Engeln und Girlanden.

Die Spritzkerzen sind für den Heiligen Abend.
Hunderte von winzigen Kometen glitzern
und knistern dann am Baum.

Die Sterne bewegen sich in festen Umlaufbahnen.
Bei meinen täglichen Rundgängen ist das komplizierter.
Ich werde die Wege in mein Forschertagebuch eintragen.

Die schönen Wege bekommen kleine Sterne,
die schweren Wege einen schwarzen Punkt.

Nach und nach entsteht eine Sternenkarte,
dazwischen kleine Sonnenfinsternisse.

Am Heiligen Abend wie jedes Jahr
dieses merkwürdige Geheimnissen
und Tuscheln der Erwachsenen.

Einige Zimmer sind versperrt und
das Geschenkpapier ist verschwunden.

Dann ist es so weit und wir stehen
um den erleuchteten Baum,
unter dem Pakete liegen.

Eines ist länglich und schmal.
Herzklopfen!
Das ersehnte Teleskop?

Menschen dicht gedrängt
bei der Mitternachtsmette.
Von Kerze zu Kerze geben wir
die kleinen Flammen weiter,
bis aus der Dunkelheit heraus
ein glitzerndes Lichtermeer ersteht.

Viele kleine Lichter zeigen,
dass ein großes Licht in die Welt kam.

Aufbrechen und
seinem Stern folgen?

Diesmal frag ich, ob ich
den Stern tragen darf!

BIOGRAFIEN

Reinhard Ehgartner
geb. 1960, studierte Germanistik und Theologie in Salzburg.
War Universitäts-Lektor in Ústí nad Labem (Nordböhmen), ab 1992 Lektor
im Österreichischen Bibliothekswerk und ist seit 2004 Geschäftsführer.
Er ist außerdem ehrenamtlicher Leiter der Bücherei Michaelbeuern,
Projektleiter von www.rezensionen.at und „Buchstart Österreich".

Linda Wolfsgruber
geb. 1961, absolvierte u. a. die Kunstschule in St. Ulrich (Italien) sowie
die „Scuole del Libro" in Urbino (Italien). Heute ist sie selbstständige
Illustratorin und Malerin. Schon früh entdeckte sie ihre Freude an
der Gestaltung von Kinderbüchern. Für ihre Werke erhielt sie bereits
zahlreiche Auszeichnungen.

Die Illustrationen in diesem Buch hat Linda Wolfsgruber mit Hilfe
von Monotypie, Schablonendruck und Collage erstellt.

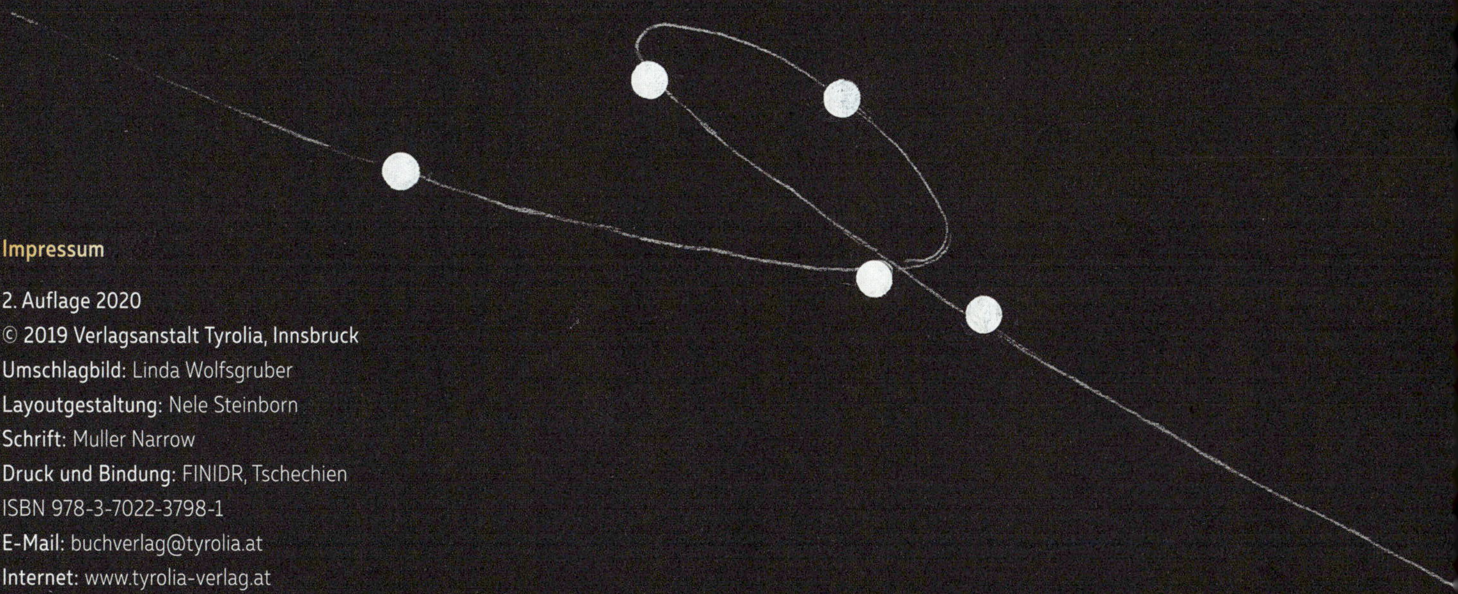

Impressum

2. Auflage 2020
© 2019 Verlagsanstalt Tyrolia, Innsbruck
Umschlagbild: Linda Wolfsgruber
Layoutgestaltung: Nele Steinborn
Schrift: Muller Narrow
Druck und Bindung: FINIDR, Tschechien
ISBN 978-3-7022-3798-1
E-Mail: buchverlag@tyrolia.at
Internet: www.tyrolia-verlag.at
Facebook: Tyrolia Verlag Kinderbuch